U0003154

給 Maya 和 Lia 以及所有眾生

鹿王 JE0001
慈悲的英雄：千手觀音的故事
The Hero of Compassion: How Lokeshvara Got One Thousand Arms

作　　者／文字／哈里‧愛因霍恩 (Harry Einhorn)
　　　　　繪圖／柯亞‧黎 (Khoa Le)
譯　　者／李瓊絲
責任編輯／劉昱伶
業　　務／顏宏紋

總 編 輯／張嘉芳
出　　版／橡樹林文化
　　　　　城邦文化事業股份有限公司
　　　　　104台北市民生東路二段141號5樓
　　　　　電話：(02)2500-7696 ext2736　傳真：(02)2500-1951
發　　行／英屬蓋曼群島商家庭傳媒股份有限公司城邦分公司
　　　　　104台北市中山區民生東路二段141號5樓
　　　　　客服服務專線：(02)25007718；25001991
　　　　　24小時傳真專線：(02)25001990；25001991
　　　　　服務時間：週一至週五上午09:30～12:00；下午13:30～17:00
　　　　　劃撥帳號：19863813　戶名：書虫股份有限公司
　　　　　讀者服務信箱：service@readingclub.com.tw
香港發行所／城邦（香港）出版集團有限公司
　　　　　香港灣仔駱克道193號東超商業中心1樓
　　　　　電話：(852)25086231　傳真：(852)25789337
　　　　　Email：hkcite@biznetvigator.com
馬新發行所／城邦（馬新）出版集團【Cité (M) Sdn.Bhd. (458372 U)】
　　　　　41, Jalan Radin Anum, Bandar Baru Sri Petaling,
　　　　　57000 Kuala Lumpur, Malaysia.
　　　　　電話：(603) 90563833　傳真：(603) 90576622
　　　　　Email：services@cite.my

內　　文／菩薩蠻電腦科技有限公司
封　　面／周家瑤
印　　刷／漾格科技股份有限公司

初版一刷／2023年12月
Ｉ Ｓ Ｂ Ｎ／978-626-7219-72-0
定　　價／380元

城邦讀書花園
www.cite.com.tw

國家圖書館出版品預行編目(CIP)資料

慈悲的英雄：千手觀音的故事 / 哈里.愛因霍恩(Harry Einhorn)
文字；柯亞.黎(Khoa Le)繪圖；李瓊絲譯. -- 初版. -- 臺北市：橡
樹林文化，城邦文化事業股份有限公司出版：英屬蓋曼群島商
家庭傳媒股份有限公司城邦分公司發行，2023.12
　　面；　　公分. -- (鹿王；JE0001)
譯自：The hero of compassion：how Lokeshvara got one thousand
arms.
ISBN 978-626-7219-72-0(精裝)

1.CST: 觀世音菩薩 2.CST: 佛教傳記 3.CST: 通俗作品

229.2　　　　　　　　　　　　　　　　　　112017794

慈悲的英雄
千手觀音的故事

How Lokeshvara Got One Thousand Arms

THE HERO OF
COMPASSION

哈里‧愛因霍恩Harry Einhorn◎文字

柯亞‧黎 Khoa Le ◎繪圖

李瓊絲◎譯

很久以前，有位大士。

祂坐在一朵巨大的蓮花之上，

那朵蓮花漂浮在月亮上。

祂的名字叫聖觀世音（梵文名：阿縛-盧枳-

低濕-伐羅 Ava-loki-tesh-vara）

（不過我們可以簡稱祂為觀世音）。

祂的皮膚發亮，頭髮長而黑。

還有一雙寬大、美麗的眼睛。

祂的眼睛為什麼如此美麗？

因為祂對看到的每一個生命都充滿了慈悲。

有一天，觀世音遠望人世時，看到眾生都在奔跑、在飛行、
在舞動、在哭喊。

祂的心因為愛而變得這麼大，
大到彷彿無邊無際。
祂當時就發了一個誓：
「我將盡我所能幫助眾生，
永遠不會放棄。」

於是，觀世音開始盡祂最大的努力去幫助世人。

有時候祂以小男孩或小女孩的化身出現

和其他孩子玩遊戲。

有時候變身為老人為成年人提供建議。

有時則化為一隻鳥或一頭象守護森林裡的動物。

有時候祂甚至會以橋梁或樹木的形態出現！

最重要的是，

祂總是向眾生展示

如何定下心來，造福他人，

以及我們每個人之間是如何聯繫在一起。

觀世音努力了很久很久，
幫助許許多多的眾生。

有一天，祂心想：
我現在肯定為這個世間掃除了
至少那麼一點疾苦吧！
於是祂決定去看看……

儘管祂已經幫助了無數眾生，
卻看到有許多人還是一樣嗔怒、
一樣貪婪、一樣癡迷，
有許多人還是無法靜定下來。
他看到眾生還是鬥來鬥去，
還有一些人根本一點也不在意！

觀世音看到這一切，

難過地哭了起來。

祂心想：

我是這麼努力，努力了那麼久。

我幫助過這麼多眾生。

然而，看起來我根本沒有任何進展！

也許我應該忘了別人，

幫助自己就好。

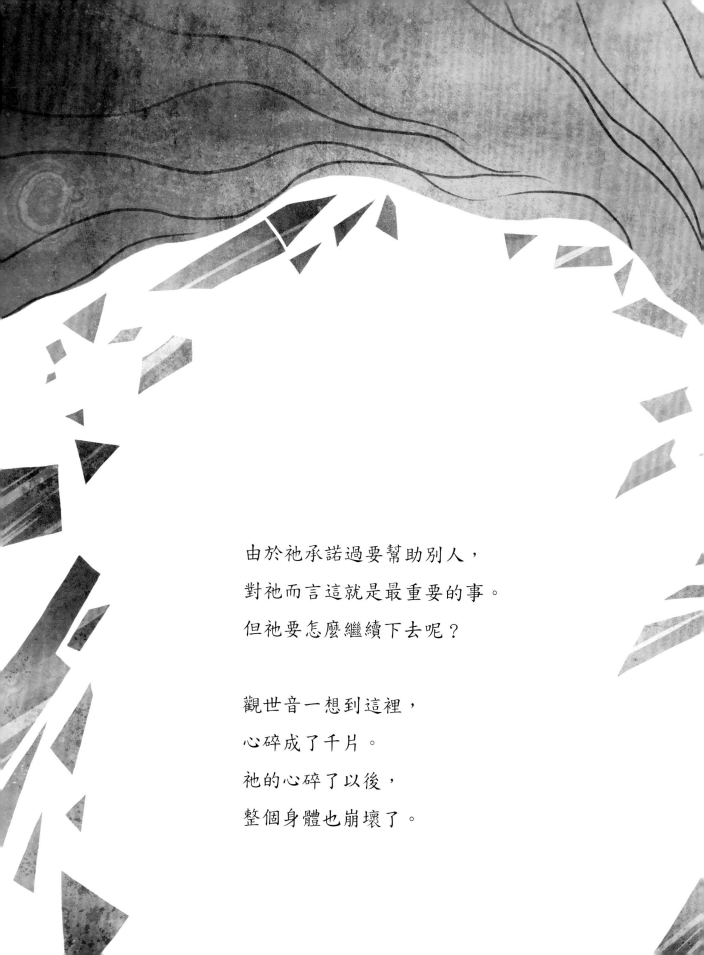

由於祂承諾過要幫助別人，
對祂而言這就是最重要的事。
但祂要怎麼繼續下去呢？

觀世音一想到這裡，
心碎成了千片。
祂的心碎了以後，
整個身體也崩壞了。

這個時候，祂的老師阿彌陀佛就在遠處看著，

看到散落在各處的那千個碎片，祂說：

「觀世音，不要放棄你的承諾！千萬不要放棄！

只要虛空存在，就會有眾生。

只要眾生存在，他們就需要幫助。

只要你信守承諾，就能幫助很多人，

更多的人！」

於是，阿彌陀佛拾起那些碎片，

屬於觀世音那破碎的心，

一片又一片……

開始把它們拼回去。

阿彌陀佛說：「讓我們來嘗試點新東西。」
觀世音那破碎的心之中有一些碎片變成了眼睛；
有更多的眼睛，能看到所有眾生。

有一些碎片變成手，

許許多多隻手伸出來，用各種方式提供幫助。

還有一些變成手臂，

許許多多隻手臂，用愛擁抱眾生。

這下子觀世音有一千隻手臂、
一千隻手和一千隻眼睛。
他甚至長了十一個頭，
能看得到每一個方向！

因為祂的心已經碎了，
所以祂現在可以幫助比以前更多的眾生。
帶來源源不斷的好處，
甚至超過虛空的盡頭。

你怎麼想呢？

儘管你可能沒有十一個頭，

也沒有一千隻手臂或眼睛，

你能想像去幫助你見到的每個人嗎？

讓你的心成長，甚至讓心破碎？

觀世音告訴我們，只要有慈悲心，
還是可以將碎了的心撿起來，
變得更強大、更明智，甚至比以前更有愛。

作者的話

觀世音菩薩（本書簡稱觀世音）是最受歡迎的佛教人物之一。觀世音是菩薩，是慈悲為懷的英雄，祂的一切目的就是幫助眾生。在佛教中，這種無私的慈愛之心是我們最需要培養的。觀世音代表對眾生之苦深切的同情和憐憫，這些苦每個人都體會得到。由於我們之間相互依賴、相互支持，當我們抱著這種態度去幫助他人，就是幫助整個世界。

菩薩能夠以各種方式出現：有時候沒有性別，有時候是童男或童女，甚至是植物或東西，以造福他人。在佛教藝術中，菩薩的特徵往往很奇妙，比方說有許多隻手、許多個頭和許多隻眼睛。這些代表了他們在世間行善的無盡方式，以及可以透過慈悲和智慧釋放的驚人能力。菩薩出於利益他人的願望而有所行動的故事，是為了激勵我們發掘自己身上的這些特質，同時幫助別人也這樣做。

時至今日，千手觀世音的故事特別符合時代潮流。它提醒我們，雖然幫助他人的工作有時可能會令人覺得不堪負荷，但我們的內心其實是充滿潛力的，能夠做到無條件的仁慈、堅忍和持久的愛。這個故事還告訴我們，即使是英雄，有時也需要依靠親友的支持和鼓勵，就像觀世音的老師阿彌陀佛（無量光如來）在弟子最需要的時候幫助他。即使我們的心碎成千片，還是能夠重新拼湊起來，變得更有愛心，而且無窮無盡。

文字／哈里・愛因霍恩 Harry Einhorn

哈里・愛因霍恩是一位多學科藝術家、教育家和佛教徒，現居台北。目前在華梵大學佛教藝術系擔任講師，教授佛教音樂、西藏圖像學和佛教英語等課程。

作為一名藝術家，他熱衷於以藝術和文化將古老的智慧傳統與現代生活相融合，並創作音樂、舞蹈和裝置藝術探索佛教教義的作品。他曾在印度、法國、巴西、台灣和美國的佛教靜修會中進行協調和教學。

繪圖／柯亞・黎 Khoa Le

柯亞・黎是一位插畫家、平面設計師和作家，畢業於胡志明市美術大學。她出版了幾本屢獲殊榮的兒童讀物，其中四本是她自己撰寫和繪製。並曾多次在越南、香港、新加坡和韓國等地舉辦展覽。

網站：https://www.khoaleartwork.com/

譯者／李瓊絲

文字工作者，淡江大學英文系畢業，威斯康辛大學新聞大傳所碩士。

從小編到老編，一路走來，編過雜誌做過書。從文學類到生活類到身心靈書籍，驀然回首，已經從憂鬱青年走過哀樂中年，跨入追求慢活的初老。

願與書同老，活到老學到老。